S0-GQE-623

Biografías de triunfadores

Michael Jordan

Compañero de equipo

Rita Petrucelli

ilustraciones de Luciano Lazzarino

Versión en español de Argentina Palacios

THE ROURKE CORPORATION, INC.
VERO BEACH, FL 32964

Library of Congress Cataloging-in-Publication Data

Petrucelli, Rita, 1942-
    [Michael Jordan, a team player. Spanish]
    Michael Jordan, compañero de equipo/ Rita
Petrucelli; versión en español de Argentina Palacios.
    p. cm.
    Traducción de Michael Jordan, a team player.
    Resumen: Sigue la vida del jugador estrella de los
Chicago Bulls que no pudo participar en el equipo de
básquetbol de su escuela porque era demasiado bajo.
    ISBN 0-86593-190-9
    1. Jordan, Michael, 1963-   1.— Literatura juvenil.
2. Jugadores de básquetbol — Estados Unidos —
Biografía — Literatura juvenil. [1. Jordan, Michael,
1963-   . 2. Jugadores de básquetbol.
3. Afroamericanos. 4. Materiales en español.] I. Título.
GV884.J67P4718   1992
796.323'092—dc20
[B]   92-13829
                                   CIP
                                   AC

—Papá, date prisa—, dijo Michael—. Larry y yo queremos ir a tirar unas canastas.

El Sr. Jordan apenas había terminado una pequeña cancha de básquetbol o baloncesto en su patio. Era un regalo especial para sus hijos Michael, de 13 años, y Larry, un poquito mayor.

Larry era mucho más alto que Michael, pero a éste le gustaba jugar con su hermano todos los días. Otros chicos del vecindario también jugaban. A Michael le interesaba ganar y por eso se esforzaba por meter canastas.

Michael practicaba los saltos. Saltaba más alto día por día. Sus amigos le llamaban "Rabbit" (Conejo) porque saltaba tan alto. Un día, Michael se convertiría en una famosa estrella del báquetbol. Sería famoso por sus altísimos saltos.

Michael Jordan nació en Wilmington, North Carolina, el 17 de febrero de 1967. Sus padres, gente muy trabajadora, les enseñaron a él, a sus dos hermanos y a sus dos hermanas que hay que trabajar mucho. Aunque a los padres no les interesaban, los deportes le interesaban mucho a Michael.

¿Cómo se convirtió Michael en un gran basquetbolista? De niño, no le preocupaba nada y se contentaba con cualquier cosa. Como ha dicho su papá, "Michael no nació basquetbolista. Se impuso metas a sí mismo y trabajó muy duro para lograrlas. Esos saltos no resultaron porque sí. Michael trabajó para logralos".

El básquetbol no fue el único deporte que le interesó a Michael. También jugó béisbol en la Pequeña Liga. Michael era lanzador. Lanzó dos "no-hitters".

Michael quería jugar básquetbol en el equipo de su escuela secundaria, pero no lo logró porque era demasiado bajo. Por eso se fue a jugar fútbol, béisbol y a correr pista. A los 16 años decidió concentrarse en el béisbol y olvidarse del básquetbol.

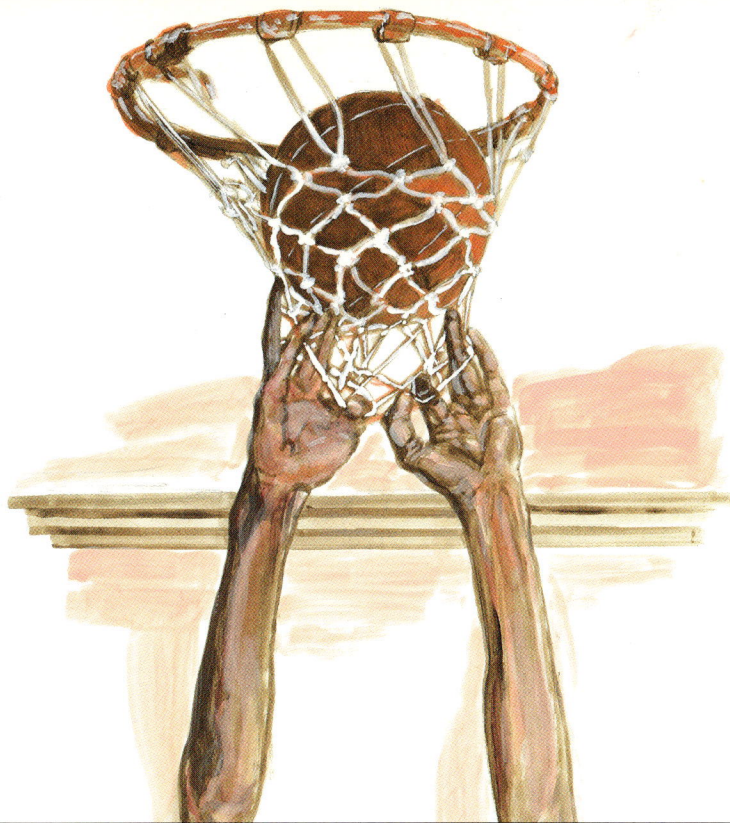

Pero entonces sucedió algo que lo hizo cambiar de idea: ¡creció cuatro pulgadas en un solo verano! Estando en el último año de la secundaria creció tres pulgadas más. Ese año jugó básquetbol y fue la estrella del equipo.

Muchas universidades querían que jugara en sus respectivos equipos. Michael se sentía especial. Él mismo lo ha dicho: "Sentía como que alguien me hubiese tocado en el hombro y me hubiese dicho que tenía que hacer grandes cosas". Así que se puso a practicar una hora extra todos los días, para estar preparado para jugar básquetbol en la universidad.

Asistió a la University of North Carolina, donde estudió geografía y jugó básquetbol.

Durante su primer año de basquetbolista universitario le fue muy bien y se anotó unos 13 puntos por juego. ¡Sus amigos y fanáticos le llamaban "Superman", el superhombre! El año siguiente le fue aún mejor: anotó 20 puntos por juego. Lo eligieron el mejor jugador del año en la universidad.

Su compañero de cuarto era el basquetbolista Buzz Peterson. Michael le caía muy. Buzz le enseñó a Michael a jugar golf. Michael le enseñó a Buzz a jugar billar.

Una vez que Buzz tuvo que ir de repente a visitar a una tía enferma, se encontró con una sorpresa cuando regresó. Michael había limpiado el cuarto. Le limpió el ropero a Buzz, le hizo la cama y le puso los zapatos en su lugar. A raíz de eso dijo Buzz: "Michael es un muchacho simpatiquísimo. Y es un buen amigo".

Michael hizo la prueba para el equipo de básquetbol de las Olimpíadas de 1984 y resultó electo capitán del mismo. Era un excelente jugador pero quería ser mejor. Practicaba a meter canastas desde más y más lejos y su puntería era cada vez mejor. Canasta tras canasta, ayudó al equipo de los Estados Unidos a ganar la medalla de oro.

Varios representantes de equipos profesionales vieron a Michael jugar en las Olimpíadas y les impresionó verlo saltar. También les gustó que se anotaba muchos puntos y ganaba los juegos.

El equipo profesional de los Chicago Bulls (Toros de Chicago) lo seleccionó. Los Bulls, que no estaban ganando mucho, tenían la esperanza de que Michael les ayudara a ganar.

En su primer año como Chicago Bull, anotó 28 puntos por juego y lo nombraron "novato del año". Ese año ganó el premio como el mejor basquetbolista profesional.

Lo empezaron a llamar "Air Jordan". ¿Por qué? ¡Pues porque para meter una canasta, saltaba a más de 40 pulgadas del suelo!

Cuando Michael va a meter una canasta, hace algo que no hace nadie más: ¡saca la lengua! De eso ha dicho él mismo: "Mi papá también sacaba la lengua, cuando arreglaba el auto. Creo que la costumbre se me pegó de él".

Michael, estrella de los Bulls, ha ganado muchos premios. En 1986-87 volvió a encabezar la lista de favoritos de All-Star, todos los jugadores estrella. Pero eso no se le ha ido a la cabeza. "Soy sólo un miembro de mi equipo. Haré siempre todo lo posible por ganar", es lo que dice.

En una competencia de "palmeado" ("slam-dunk") anotó 146 puntos y ganó el primer premio, la suma de $12,500. Y no se quedó con todo el dinero: lo compartió con sus compañeros.

Michael es una persona que cae bien y tiene muchísimos admiradores. Cuando los Bulls juegan en casa, en Chicago, los vítores son más fuertes para él.

A diario recibe muchísimas cartas y lee todas las que puede. Después, él y miembros de su club de admiradores las contestan. También envía fotos a quienes le escriben.

Cuando no está jugando, trabaja haciendo promoción para productos de unas grandes compañías. Dos de esos productos son las zapatillas de básquetbol "Air Jordan" y los relojes "Time Jordan". Las compañías esperan que lo que él anuncia se venda muy bien.

Cuando no está trabajando, descansa en su casa de Chicago. Ve películas de sus propios juegos en video. Le gusta jugar bolos y billar y escuchar música. Además, ¡hace sus propias compras y sus propios quehaceres domésticos!

18

Micheal anotó 146 puntos en una competencia de palmeado y compartió el dinero del premio con sus compañeros de equipo.

Michael Jordan pasa mucho tiempo visitando escuelas y clínicas de básquetbol. Le encantan los niños y le encanta trabajar con ellos. Recuerda sus propios orígenes y cómo tuvo que trabajar de duro para alcanzar su meta. Y quiere que a otros les resulte un poquito más fácil lograr lo que él ha logrado. Uno de sus compañeros de equipo ha dicho: "Dondequiera que Michael va, la gente quiere saludarlo. Es uno de los hijos especiales de Dios".

Sugerencias para triunfar

¿Cuáles son tus metas? Estas sugerencias te pueden ayudar a alcanzarlas.

1. **Decide cuál es tu meta.**

   Puede ser una meta a corto plazo, como una de éstas:

   > *aprender a montar en bicicleta*
   > *obtener una buena nota en una prueba*
   > *mantener limpio tu cuarto*

   Puede ser una meta a largo plazo, como una de éstas:

   > *aprender a leer*
   > *aprender a tocar el piano*
   > *hacerte abogado o abogada*

2. **Determina si tu meta es algo que realmente puedes alcanzar.**

   ¿Tienes el talento necesario?
   ¿Cómo lo puedes averiguar? ¡Haciendo la prueba!

   ¿Necesitas equipo especial?
   Tal vez necesitas un piano o patines de hielo.

   ¿Cómo puedes obtener lo que necesitas?
   Pregúntaselo a tu maestra o a tus padres.

3. Determina lo primero que debes hacer.
Podría ser tomar clases.

4. Determina lo segundo que debes hacer.
Podría ser practicar todos los días.

5. Empieza enseguida.
Sigue fielmente el plan hasta que alcances la meta.

**6. Dite siempre a ti mismo o a ti misma:
—¡Puedo lograrlo!**

¡Buena suerte! ¡Tal vez algún día puedas ser estrella del básquetbol, como Michael Jordan!

Serie Biografías de triunfadores

Hans Christian Andersen
Vida de cuento de hadas

Henry Cisneros
Alcalde trabajador

Beverly Cleary
Hace divertida la lectura

Michael Jordan
Compañero de equipo

Christa McAuliffe
Hacia los astros

El Dr. Seuss
Lo queremos